AF347247

EROTÍZAME

ExLibric

ROCÍO G. SOLDEVILA

EROTÍZAME

EXLIBRIC

ANTEQUERA 2021

EROTÍZAME
© Rocío G. Soldevila
© de la imagen de cubiertas: Aranee Líos
Diseño de portada: Dpto. de Diseño Gráfico Exlibric

Iª edición

© ExLibric, 2021.

Editado por: ExLibric
c/ Cueva de Viera, 2, Local 3
Centro Negocios CADI
29200 Antequera (Málaga)
Teléfono: 952 70 60 04
Fax: 952 84 55 03
Correo electrónico: exlibric@exlibric.com
Internet: www.exlibric.com

ISBN: 978-84-18730-53-5
Depósito Legal: MA-517-2021

Nota de la editorial: ExLibric pertenece a Innovación y Cualificación S.   L.

ROCÍO G. SOLDEVILA

EROTÍZAME

PECADO

No me canso
de esperarte,
de gritarte,
entre espasmos,
lo que desean mis manos.
No me canso
de susurrarte,
entre palpitaciones,
el deseo de mis manos
de arañarte.
Es incansable el tormento
de no sentirte aquí dentro,
de imaginar tus besos
rompiendo el silencio
y seguir gritando,
en cuerpo desnudo,
la pasión de mis impulsos.
Impulsos de acorralarte
entre mis piernas,
para satisfacer mi sed:
sed de ti,
pecado.

CÁLLAME CON UN BESO

Acaríciame,
bésame por sorpresa
y en la nuca.
Pasea tus manos por mis pechos
y su tacto
mientras me miras.
Mírame susurrando,
acurrucado junto a mis senos,
embaucando la tensión
en mis pezones.
Hazme sentir,
siénteme,
cada vez más fuerte.
Juega conmigo
a morderte el labio
mientras castigas mi osadía,
agarrándome el pelo
y, enseguida,
los labios.

ANTAÑO

En cuanto el silencio asoma
mis pupilas quedan absortas,
quietas, calladas,
observando expectantes
la simpleza de un instante.
Hace tiempo
me dedicaba a reunir momentos
enclavados en la arteria del pasado:
momentos efímeros, etéreos,
instantes.
Saboreaba la sangre,
sentía, cabizbaja, el dolor
placentero de ver pasar el tiempo
y desvanecerse esos momentos.
El silencio asoma,
las pupilas quedan inmóviles,
esperando la llegada de otro instante,
de un sonido, una voz,
el vaivén rezagado de un corazón.

INVOCACIÓN

Me veo con los ojos cerrados,
invocándote,
llamando con cada pálpito
a tu cuerpo desnudo
enclavándose al mío.
Hazme tuya,
otra vez, con ansias, poseída.
Regálame este baile,
rítmico vaivén,
mientras te sueño en mi cama.
Fóllame como si ya no existiera,
como si no existiera mañana;
dame solo otro momento
de locura desenfrenada
con cada aliento.
Déjame amarte,
dibujándote así,
suspendido en el aire.

EN SUEÑOS

Esta noche
te he dibujado en sueños,
te he despertado
despertándome a tu lado,
en sueños;
he perfilado con mis dedos
el contorno de tu cuerpo,
escondiendo en tus ojos
mi tímido reflejo.
Esta noche
me he desnudado
poco a poco,
abriéndome paso en tu sueño,
deseándote,
acariciando tan sutil
la forma de tus labios;
me he encontrado
sobre tus sábanas,
bajo tu cuerpo,
húmeda,
mojada.

ORGASMO

Levanto la vista
y lo que veo me detiene:
me absorbe el oleaje
y la plata oscurecida
absorta en las nubes.
Me quedo embobada,
contemplando
y recordando.
Recuerdo sonidos
que se desprenden de momentos,
momentos que ya desaparecen.
Recuerdo tus manos
agarrándome,
sujetando mis caderas,
zarandeándome.
Recuerdo un beso
de tus labios,
un cazador furtivo
saboreando.
Recuerdo un espasmo
y el silencio…
Orgasmo.

CANTÁBRICO

Al compás de fuegos artificiales
bombea sangre mi corazón,
mientras mi mente,
perturbada, se escapa.
Bajo este cielo negro
pintado, esta noche,
de violetas, ocre y rojo,
vaga mi inconsciencia.
Allá donde rompen las olas,
allá donde miran mis ojos,
el cálido frío me abraza.
Mi mente se va,
escapa hacia tus manos,
recorriendo mi cuerpo;
se va donde tus besos
son el único sustento,
y aquí, tan lejos de allí,
mi cuerpo sigue desnudo
deseando, implorando,
amando.

AYER

Algo me ocurre.
Mi piel, antes blanquecina,
absorbe con ansia el deseo,
el deseo de ver tu cuerpo
desnudo, plácido,
llenando mis manos.
Siento arder el pecho
desnudo, endurecido,
cada vez que me invade
tan solo el pensamiento:
dos cuerpos desnudos,
cercanos, atormentados,
poseídos, poseyendo.
Mi blanquecina piel
se tersa al pasear tus dedos
por las curvas de mi cadera,
embaucados, tal vez,
por el ayer.

TRAS EL MIEDO

En un ir y venir de la consciencia
vuela estrepitosa la imaginación,
buscando, tal vez, tu voz,
escondida y huidiza,
en los rincones del corazón.
Huye veloz la memoria,
huye rauda del tiempo
en busca de sus recuerdos.
Baila con el viento la consciencia,
oscila vacilante con las olas
y el vaivén intermitente
de dos cuerpos enredados.
Me persiguen las horas del pasado,
se cuelan en las cuencas
de mis ojos y lloran.
Buscan la luz tras el miedo,
tus palabras en el silencio.

DESPIÉRTAME

Esta noche cierro los ojos,
ando inmersa en la sensación
que recorre mi cuerpo
cuando me besas,
cada vez más
y más intensa.
Esta noche cierro los ojos,
solo puedo desearte,
desear que me cojas
y me agarres;
aráñame,
descarga en mi cuerpo
toda tu rabia;
déjame, amor, exhausta.
Esta noche abre mis ojos,
despiértame
una y otra vez.

SOY LO QUE VES

Mi cuerpo, amor mío,
es ya un secreto descubierto:
no soy más que lo que ves,
una silueta curva
que alcanza la línea recta;
soy, a veces,
un espíritu inquieto,
desnudo,
vestido de lujuria
y desenfreno;
soy una de las miles
y miles
encarnaciones del deseo;
soy, mi amor,
un cuerpo anhelante
que busca intrepidez
de tu lengua,
castellana,
que juega a ser poeta
entre mis piernas.

MELIBEA

Me dedicaba a corretear,
correteaba por los jardines,
paseaba pensativa por el huerto
(tal vez como Melibea),
buscando cabizbaja
a mi Calisto, sin éxito.
Solía sujetar, ilusionada, la pluma
y desplegar mis alas con la escritura;
solía coger varios pinceles
y de colores pintar su figura,
y deseaba…
Deseaba tanto encontrarle,
deseaba sentir algo,
deseaba emocionarme;
imaginaba nuestras sombras
tendidas como sábanas en mi huerto,
e imaginaba, mientras soñaba,
que se propiciaba allí nuestro encuentro,
el encuentro entre dos cuerpos
desconocidos, imperfectos,
a punto de ser descubiertos.

Suspiro suspendido

¿Y si sucediera?
Unos labios rojos encendidos
arrancarían del silencio,
entrecortado,
un gemido.
¿Qué pasaría?
¿Qué pasaría si con el calor
mi boca decidiera
(muy segura ella)
empezar a follarte?
El mundo dejaría de girar
tan solo un segundo,
y tus manos (quizás)
empezarían a masturbar
entre jadeos mi juventud.
Y así, arañándote,
zarandeándome,
llegaríamos al final:
un suspiro suspendido,
orgasmo prohibido.

PEDALES

Déjame pisar
tus pedales, encanto,
esos que me invocan
de madrugada.
Hazme feliz
y regálame un gesto:
una sonrisa traviesa,
en búsqueda constante,
sin prisa,
de pasión y fantasía.
Déjame agarrar la palanca
y cambiar tus marchas,
mientras mi mente, lujuriosa,
imagina cómo desnudarte.
Déjame arrancar tus versos
y escribirlos en mi pecho,
mientras tatúas con tus labios
la fina línea transparente,
entre mi ombligo
y lo prohibido.

TENTACIÓN

Así, como te dije,
rozaré con mi espalda
las palmas de tus manos
y seduciré desnuda
tus ansias de tocarme.
Acaricia mi piel con tus manos,
rompe el silencio con mis gemidos,
hazme alcanzar, Tentación,
el orgasmo y sigue tocando mi cuerpo,
instrumento hecho de espasmos.
Y después vuelve a afinar
con cariño el sentido y el ritmo,
y sigue bailando conmigo, amor,
hasta el final del camino.

ESPERO

Se me pasa la vida
ahogada
entre suspiros.
Esta noche, amor,
estoy vacía.
Se me pasa la vida
recordándote
entre jadeos imaginarios,
ahogándome
en mis ojos cerrados.
Se me pasa la vida
entre suspiros,
mientras espero,
espero desnuda
la llegada de tus besos
(esos que me das en sueños);
espero anhelante
el reencuentro
cálido y oscuro
de nuestros cuerpos.

Reencuentro

Se dejó llevar
durante un instante
hacia sus labios,
magnéticos,
polifacéticos;
eran dos almas
desnudas,
dos cuerpos
sin secretos.
Dichoso instante,
efímero, placentero,
¿dónde has dejado al deseo?
¿Dónde quedaron aquellos labios
pegados, seguros, a los suyos?
¿Dónde quedaron sus almas?
Su cuerpo,
desnudo,
yace impaciente
a la espera
de aquel cuerpo,
su reencuentro.

TENSIÓN

Vivo en una tensión constante,
deseando
cada escurridizo día
arañarte;
deseando
en ese mundo ideal
tocarte
y despertar.
Despertar
de la realidad,
esa construcción social.
Despertar
y que la única tensión
me la ofrezcas tú
y el misterio
encerrado en tu mirar,
que tu mirada
sea la que me desnude
y tus manos
las que me agarren.
Tu deseo, mi deseo,
y la tensión de nuestros cuerpos.

VUELVE

Vuelve,
enigmática ilusión,
vuelve a encontrarme
así, de espaldas;
vuelve a pasear tus manos,
ilusión,
por mis caderas;
vuelve a abrazarme:
abrázame despacio
y vuelve a besarme.
Bésame, ilusión,
estos labios,
labios deseantes,
amantes,
palpitantes,
y vuelve a cantarme,
ilusión,
arpegios con los dedos.
Vuelve,
enigmática ilusión,
vuelve con el deseo
y tu mirar,
hazme tuya una vez más.

MI ÁNGEL

Que el cielo se abra
y me envuelvan sus alas,
que esta mañana,
entristecida,
las nubes me reclaman.
Cabizbaja,
mi alma, lujuriosa,
escapa:
vuela allá donde
tus pensamientos,
escondidos,
se hallan.
Que el cielo se abra
y me envuelvan sus alas,
porque esta mañana
mi ángel sexual,
anhelante, me reclama.
Mis suspiros le llaman
entre jadeos
que mi alma,
pequeña,
no puede alcanzar.

UNA VEZ MÁS

Una vez más
mi alma vuela
estrepitosa,
allá donde la esperan
tus deliciosas caderas.
Ella se escapa,
amor, con sus alas poéticas,
donde quieras.
Mi alma,
espíritu inquieto,
quiere poseerte,
amado.
Huye hacia ti
esta alma mía,
amante,
en busca de tu cuerpo
experto.
Una vez más
mi alma vuela
estrepitosa,
allá donde la lleva el deseo,
allá donde la esperan tus besos.

HOY

Hoy
mis manos
quieren tocarte.
Mis dedos, suavemente,
buscan pasear por tu pecho
y, en el momento justo,
mis uñas querrán dibujar
sobre tu piel morena
el contorno de nuestros cuerpos,
pegados, enredados.
Hoy
mis labios
quieren besarte.
Mi lengua, suavemente,
busca pronunciar tus deseos
y, si tú lo ordenas,
mis dientes querrán morder
bajo tu dominio
el candado de nuestros secretos,
escondidos, prohibidos.

ME DUELEN

Mi espíritu inquieto,
mi alma intranquila,
mi corazón apasionado,
mi mente distraída…
son solo aspectos de esta vida,
una vida que vivo sin vivirla.
Manos vacías,
ilusiones perdidas,
una voz débil insistiendo
en mi cabeza;
el ansia y el deseo impasibles
controlan este cuerpo,
mi cuerpo,
sediento y frágil;
me he perdido, amor,
en mi memoria.
Duelen,
hoy me duelen,
arden aquí dentro
mis cicatrices.
El pasado, un verbo desolado,
me las ha recordado,
y me duelen,
hoy me duelen.

Así

Así,
mientras me besas,
mi mirada el cristal atraviesa;
y así, mientras me acaricias,
te buscan desesperados mis labios;
todo mi cuerpo siente,
y sienten también mis manos
la fugacidad con la que
me besan tus labios.
Todo mi cuerpo siente,
y siente, este corazón
atolondrado,
sinestesias infinitas
que reclama el pasado.
Y así, mientras me muerdes,
busca mi ombligo tus manos
finas, firmes, flamencas;
y todo mi cuerpo siente,
siente la fugacidad de estos acordes
que me enseñas al tocarme.
Todo mi cuerpo siente,
y siente, este corazón
embriagado,
aliteraciones ardiendo.
Y así, mientras me abrazas,
encuentra mi cuerpo su alma

huidiza, romántica, perdida;
así, mientras recuerdo,
sigue pasando el tiempo
hasta que mi cuerpo,
inexperto,
pueda sentir, otra vez,
la calidez de tus arpegios.

NUESTROS MOMENTOS

A veces,
me quedo pensativa
y con la mirada perdida;
a veces,
me quedo suspendida
un momento
en el aire,
pensando en la vida;
a veces,
me quedo ensimismada
imaginando.
Imagino tus ojos
mirándome,
imagino tus labios
besándome,
imagino tus manos
tocándome,
y tu cuerpo,
entero,
deseándome.
Ilusa de mí,
romántica imaginativa.
¡Qué rápido pasan,
apasionados,
nuestros momentos!

TE DESEO

Ando perdida
en tus pensamientos,
abriéndome paso
entre filosofías
y, de repente,
una sonrisa.
Una sonrisa se dibuja
en mis labios:
el atisbo de un recuerdo
inunda mis pensamientos.
Estoy aquí,
en mi ventana,
apoyada en un bolígrafo.
Estoy aquí,
mirando tras el cristal
cómo lloran las nubes
al oscurecerse el cielo.
Ya es de noche.
Mis pensamientos se mueven,
bailan como ninfas primaverales
en busca de su sátiro, amor.
Amor, amor,
baila mi cuerpo
al son del deseo.
Te deseo.

¿Después?

La noche divide el día,
amor, y nosotros…
nosotros seguimos sedientos.
El deseo nos da de beber
pero… ¿después?
Después se acerca la noche,
despacio, gritando.
Después llega la madrugada,
tranquila, callada.
Después amanece,
después, tras el silencio,
que vaga taciturno a la sombra,
vuelvo a verte.
Después acerco mis labios,
traviesos, a tu boca juguetona;
mis manos, frías,
a tu torso cálido;
mis piernas, flexibles,
a tu espalda (para abrazarte)
y mis empeines, jóvenes,
otra vez a pasear por tu boca
anhelante y lujuriosa.
Otra vez el tiempo nos divide.

Un mundo aparte, Poesía

Vivo soñando,
sueño viviendo.
Vivo en sueños
un sueño en vida.
Y es que estoy trastornada
por el misterio que escondes
ahí, en tu mirada.
Vivo poseída por el deseo,
que sueña con poseerte en secreto;
deseando que los jadeos
dibujen un mundo aparte
con el contorno de nuestros cuerpos.
Es simple tentación.
Bailamos un compás solitario
sobre el papel, bajo la pluma;
nuestros besos son palabras
escritas con destreza
sobre un papel en blanco,
bajo una pluma distraída.
Bailamos un compás solitario
retorciendo nuestros cuerpos
aquí, en mi cama.
Vivo soñando,
sueño viviendo.
Protagonizo, contigo,
alma atolondrada,

una historia sin omega,
una historia escrita con caricias,
ilustrada con las uñas.
Poesía, locura maldita,
déjame vivir este sueño
a solas, escondida, desinhibida.
Déjame, Poesía,
con tu cuerpo desnudo,
aquí, tendida sobre esta cama
hecha de lujuria y drama;
déjame, pero no me olvides,
que si muero y me olvidas,
¿quién escribirá?
Vivo soñando,
sueño viviendo.
Vivo en sueños
un sueño en vida.
Aquí estoy, Poesía.

VACÍA

Esta mañana, amor,
me he despertado asustada:
abría los ojos, amor,
y enfocaba,
quería descubrir las distorsiones.
Miraba a mi alrededor,
veía con dificultad
el gotelé de mis paredes;
te buscaba, amor,
aquí, en mi cama;
mis manos paseaban,
deseosas,
por mi almohada
esperando palpar tu cara;
mis labios no te encontraban, amor,
acurrucado, como cada vez,
en mi pecho.
Esta mañana, amor,
me he despertado asustada:
no veía nada, amor,
todo era oscuro y frío.
Tengo miedo al vacío
de despertarme
y no estar contigo.

OTRO VERSO

Vivo cada día
deseando
apoyar las palmas
de mis manos
sobre el volante,
querido amigo
(poético),
de un Seat Ibiza.
Vivo cada día
deseando
protagonizar
(cada día)
otro verso
y hacer poesía.
Vivo, querido amigo,
deseando
girar el volante
(sin prisa)
y poner rumbo a aquel paraje:
una superficie blanda y cálida,
donde Naturaleza y Desnudez se apoderan,
donde Instinto y Lujuria se besan,
aquel paraje donde nuestras almas
(en secreto)
escriben otro verso,
hasta que llega el momento,

ese momento apremiante
(el tiempo)
que acecha esta dicha
y tira por tierra el deseo.
Y yo, alma perdida,
sigo viviendo
deseando,
deseando, querido amigo,
volver a sentarme
(en ese Seat Ibiza)
ahí, a tu lado,
para mirarte de reojo
o rozarte, queriendo,
al poner la quinta marcha.
Vivo cada día deseando
apoyar mis labios
(pintados como te gusta)
sobre tus labios,
querido amigo poético,
y sentirte en secreto.
Escribamos otro verso.

MI SECRETO

Mi amor…
Soy un espíritu inquieto
que adora detenerse
y mirarse al espejo,
que son tus ojos marrones.
Soy la esencia condensada
del Romanticismo
de hace dos siglos.
Soy esa mujer
extraviada
en tu mirada,
que ama demasiado
a los placeres del mundo.
Tú, mi amor,
un mundo entero para mí,
sigues siendo un secreto
oculto, precioso, discreto;
mi secreto.
¿Te descubriré algún día?
Soy arqueóloga, mi amor,
en tus entrañas,
abriéndose paso en las cuevas
oscuras y secretas
de tus emociones.
Te miro
y sigo quedándome quieta,
atenta a tus ojos marrones.

DESEO ENLOQUECIDO

Paseo mis dedos,
querido, por mi pecho,
sintiendo la tensión
mientras hablamos.
Me acaricio a mí misma
como tú me acariciabas
antes de abrazarme,
tan fuerte,
para follarme.
Paseo mis manos,
querido, mientras mi cuerpo
va experimentando espasmos
recordándote llegar al orgasmo.
Todo mi cuerpo te implora,
querido, que ejerzas tu influencia:
empótrame con fuerza,
así, agarrando mis nalgas,
mordiendo con cariño el encanto
con el que el deseo,
querido, impasible te atrapa.
Nos atrapa, querido,
un deseo enloquecido.

FANTASÍA

Ya está.
Ya ha pasado:
dos almas que adoran la vida
se han fundido,
sin prisa, con cariño,
en esta mañana
amanecida y caprichosa.
Ya está:
mi cuerpo, tentación,
con su lenguaje
ha vuelto a su cauce.
y ahora,
con el bolígrafo en la mano,
mis labios piden
al dios del tiempo,
que pinta las nubes de plata,
como yo he pintado tus muñecas,
que regreses.
Mi alma ensimismada
invoca, otra vez,
tu compañía
esta mañana,
feliz, sentida.
Ya ha pasado:
vuelve a mí, Fantasía.

LUJURIA

Esta noche oscura
busco, amor, tu cuerpo
buceando a la orilla
de mis sábanas escurridizas.
En esta noche serena
busco, sin hallar, tus besos
alzando sobre la cama
mi cuerpo en llamas.
Es una noche más,
amor mío, sin saborear
la dulzura ilusionada
que perciben mis ojos,
castaños y claros,
en la profundidad de tu mirada.
Es una noche más,
intranquila, nerviosa,
porque mis labios,
ansiosos,
no pueden satisfacer
el deseo de sentir tu piel.
Es una noche más,
sedienta, en penumbra,
recorriendo con la imaginación
los caminos
que me llevan a tu boca.

Fluyendo

Sentada,
en movimiento,
veo pasar el tiempo
y te miro.
Te miro reflejado,
tan concentrado,
en el espejo,
y los minutos siguen pasando,
y el vaivén tuerce mi letra,
y tu voz…
Tu voz.
Me colapso
aquí sentada
escribiendo,
sintiendo el movimiento
a través de mi cuerpo
deseante, amante.
Puntos suspensivos.
Tu voz,
el túnel,
un momento para mí,
para el cielo gris,
para sentir…
Fluir.

AMISTAD EN LLAMAS

Es tan simple
el ejercicio de desnudarte
y bailar ante tus ojos
haciendo lo que llamamos «follar».
Es tan simple
el querer buscar, desear
tu piel cálida y tocar.
Morder, besar, arañar
son verbos activos,
imperativos,
que dan vida a la amistad.
Amistad en llamas,
¿recuerdas?
Como la noche y el día:
amistad, sexo, poesía,
y miradas ardientes
que revelan lo que el cuerpo siente,
y versos destilando sangre,
apasionada,
que oculta que el corazón calla,
que la cabeza, racional, es la que manda.
Amistad en llamas,
llamas encarceladas.

ME BAJO AQUÍ

Que el mundo pare de girar,
que yo me bajo aquí,
donde tus besos me esperan
al pisar el andén,
donde tus abrazos me consuelan
aquí, dirección al Edén.
Que el mundo pare de girar,
que yo me bajo aquí,
donde te miro y detrás
se lee en el cartel: «Felicidad»;
donde elijo quedarme,
porque lo único que hace mi corazón,
amor, es amarte.
Amarte en una realidad,
amor, que sí es real,
real como es tu sonrisa
al sentirme respirar.
Que el mundo pare de girar,
que yo me bajo aquí,
dejando atrás «Ficción»
con sus paranoias y la tensión.
Que yo me bajo aquí,
sobre tu pecho, a dormir.

Y SIN EMBARGO

Me he dibujado otra vez,
escuchando a Sabina
contar hasta tres.
Me he dibujado otra vez
y dibujando he pensado;
he pensado en dibujarte,
mientras dibujas con tus dedos
el contorno de este cuerpo,
mi cuerpo, solo un cuerpo más;
he pensado en dibujarte,
mientras me contemplas
besándote y en silencio,
querido, ahogándome
en tus sentidos;
y sin embargo,
otra vez me he dibujado
sin tenerte aquí, a mi lado,
susurrando canciones
de historias del pasado,
historias sobre pasiones,
pasiones, querido,
que dibujan en secreto
a dos almas que se buscan.

UNA CAMA PARA DOS

Son las 2:43,
toda la casa duerme:
duermen las luces
en sus habitaciones,
duerme la televisión
en el salón,
duermen todos menos yo.
Y es que sólo visualizo
(es peor que imaginar)
el tacto de tus manos
por debajo de mi falda.
Te veo aquí,
poeta insonorizado,
saboreando cada parte de mí
(incluso esas que yo no sabía).
Te veo aquí,
poeta apasionado,
recorriendo mi espalda con tus manos
(esas manos que tanto me gustan).
Son las 2:51,
han pasado ocho minutos
y sigo visualizando
una cama para dos.

DESPIERTA

Mi amor…
La noche se empeña
en mantenerme despierta,
alerta, a la espera.
A la espera de mi beso,
mi beso de buenas noches,
el beso que me cuenta
que la luna sale de su escondite,
para susurrarme
en la oscuridad
que mañana será un gran día
Mi amor…
Quiero ese beso,
mi beso,
sabor a nube,
sabor a cielo,
a ilusión,
sabor a tú.
Esta noche estoy despierta,
a la espera impaciente
de nuestros encuentros fugaces.
A la espera de nosotros
y tus ojos, mi amor,
los ojos de la verdad.

SIN VIDA

Una gota,
líquida,
resbala por mi mejilla.
Una emoción,
desoladora,
se agarra a mis entrañas.
Se forman nudos
en mi garganta
en busca de un lugar
para quedarse.
Una gota,
líquida y fría,
resbala por mi mejilla,
donde antes
hubo un beso,
después una caricia
y una lágrima fría.
Palabras vacías
acompañando
a esa lágrima caída,
una emoción
sin vida.

HASTA MAÑANA

No te imaginas, querido,
la locura que encierran
mis pensamientos:
tú y yo, dos personajes,
interpretando
representaciones
de un solo acto.
Qué ocurrencia,
qué locura,
imaginarte en mi cama
al despertar.
No te imaginas, querido,
la locura que encierran
mis pensamientos:
tú y yo, versos encadenados,
recitando poemas
a dos voces, con tacto.
Qué ocurrencia,
qué locura,
escucharte «hasta mañana».

CADA DÍA

Amor, amor,
quiero que la felicidad
sea un camino
que pueda recorrer
contigo.
Quiero que tu sonrisa,
que se asoma tímida
a tus labios,
me siga recordando,
que la vida es un regalo.
Quiero que nuestras imperfecciones,
tan perfectas,
me sigan enamorando
como ya me enamoran
tus expresiones
y el corazón que llevas dentro.
Quiero seguir escuchando
el aleteo de tus pestañas
al quedarme dormida,
y seguir soñando,
juntos, amor,
cada día.

SENTIMIENTO

Muchas veces
encuentro el sentimiento
en el aire que respiro,
un aire embriagado
con cada beso
que hemos robado.
El sentimiento está ahí,
escondido, querido,
en la acción de sentir,
en tocarnos con los dedos,
en saborearnos con la lengua,
en mirarnos con los ojos,
en escucharnos al hablarnos,
en olernos al sudar.
El sentimiento está aquí,
escondido en los sentidos.
Todo lo que experimentamos,
querido, es un camino,
un camino que se bifurca
en cinco sentidos:
gusto, olfato, tacto,
vista y oído.
Muchas veces, querido,
encuentro el sentimiento
en el aire que respiro,
aire contenido

en cada suspiro.
El sentimiento está ahí,
contenido, querido,
en cada uno de los cinco sentidos.
Gusto, olfato, tacto,
Vista y oído
son bifurcaciones,
querido, de la pasión,
pasión encendida,
alborotada,
reprimida, reescrita;
una pasión, querido,
convertida en poesía,
poesía que tú y yo,
dos locos perturbados,
recitamos al desnudarnos.

ENAMORADA

Hoy vivo la vida
enamorada.
Vivo la vida enamorada
de las sensaciones
que me regalas,
sensaciones, amor,
como la de ser, sin más,
una página en blanco;
sensaciones, mi vida,
como la de ser, sin más,
un personaje de ficción
creado con el placer,
querido mío, de imaginar.
Vivo la vida enamorada
de la sensación, mi amor,
de estar plenamente
hipnotizada al mirarte.
Vivo enamorada de la vida,
porque vivo una vida, amor,
consagrada al acto de amarte.

CAER

A veces es tan fácil caer,
caer en el vaivén,
vaivén de las palabras,
palabras formulando versos,
versos escondiendo sentimientos,
sentimientos encerrando realidades,
realidades creando verdades,
verdades perturbadas e irreales.
Es tan fácil caer…
Me caigo en mi propio vaivén,
un vaivén de realidades irreales,
de sentimientos ya imborrables.
Es tan fácil caer
que permanezco dormida,
mientras los momentos me acarician
hasta que me despiertas, Navidad,
con tu ilusión y sueños de hoy,
hasta que me despiertas, Navidad,
y me regalas tus ganas de amar,
amar la vida como es,
con su vaivén,
amar la sensación de caer,
caer para crecer.

TE HE TOCADO

Esta noche te he tocado,
he palpado en la penumbra
la forma de tus manos;
te he besado los labios
con la delicadeza
con la que siento
cuando me tocas,
intensamente y despacio.
Esta noche me he dejado llevar
hacia la locura que esconde
nuestro cruce de miradas,
donde más allá,
al dejarnos llevar,
se encuentra esa sutileza lujuriosa
(la que nos define).
Tan parecidos, tan distantes,
tan distintos, tan cercanos,
como la poesía y la vida,
que caminan solas,
hasta que algo, llámalo X,
las reúne.
Ya no pueden vivir sin verse,
no pueden sentir sin tocarse.

DE VEZ EN CUANDO

A estas alturas, querido,
es innegable que mi cuerpo
se ha acostumbrado
a sentirte de vez en cuando.
Al cabo de un tiempo,
las dosis de lujuria contenida
se me hacen pequeñas
y mi cuerpo quiere más.
A estas alturas, querido,
el deseo se hace conmigo,
convirtiendo a mi cuerpo
en un recipiente, amante,
de horas secretas.
El deseo me invade ahora,
colándose por mi boca,
tan penetrante,
y va bajando, querido,
nublando mis sentidos
hasta el final:
el recuerdo eterno
de dos cuerpos
bailando en secreto.

NO PUEDO EVITAR

No puedo evitar
ahogarme al respirar.
No puedo evitar
sentirme al tocar,
a veces no lo puedo evitar.
Dormirme al cerrar los ojos,
relajarme al apoyarme en ti
son cosas que no puedo evitar.
No puedo evitar
ser caprichosa y desear,
desear poseerte otra vez
como si no volviera a amanecer,
como si fuera la última vez.
No puedo evitar
dejarme llevar por tus besos.
No puedo evitar
ser presa del sentimiento,
a veces no lo puedo evitar.
Soy amante, porque amo,
y como buena amante, deseo.
Es algo que no puedo evitar.

NO ES FÁCIL

No es fácil sentarse
y observar, observarte
sin poder tocarte
no es fácil.
Este cuerpo mío,
que te desea,
anda buscando el contacto,
el camino más cercano
al placer y al deleite
de desnudarte.
No es fácil quedarse parado
y ver, verte a través del tiempo
y no poder alcanzarte
no es fácil.
Mi cuerpo, que te anhela,
anda en pos del tuyo,
persiguiendo poseerte,
adorarte, dejar de imaginarte.
No es fácil sentirte
y escribir, escribirte
sin poder decirte
que lo que escribo
lo escribo porque lo siento.
No es fácil.

VUELVE, POETA

Llevo días sin escribir,
sin sentir
el tacto del bolígrafo
en la piel.
Llevo días sin acariciar
el dorso de mi pluma
ya sin tinta.
Aún no ha salido la luna
para decirme,
en nuestro idioma,
que mañana será un gran día,
que, quizás, mañana
haya en mi corazón
más poesía.
Quiero volver a sentir
los besos de la pasión
al recordar sus versos.
Quiero volver a desnudarme
despacio, para mí,
en busca de la magia.
Quiero escribir mis días
al volver a sentir sus manos.
Quiero que vuelva,
que vuelva a crear versos
al tocar mi cuerpo.
Vuelve, poeta.

TODO ACABARÍA

Si supieras, querido,
todo lo que mi cuerpo imagina,
no me dejarías.
Alargarías los días con tus manos
para solo poseerme
una vez más.
Si supieras lo que yo haría,
si lo supieras,
convertirías la noche en día
sólo para poseerme
otra vez.
Si supieras todo esto, querido,
no querrías verme;
el tiempo se encargaría
de coger nuestras almas
y separarlas,
solo para que la despedida
no existiera,
solo para que estos dos cuerpos,
que se entrelazan a veces,
no se deseen.
Todo acabaría.

ASÍ TE SIENTO

Te he visto,
te he mirado
y lo he sentido.
He sentido el calor
de la locura prendida,
la situación candente
ardiendo por dentro.
Lo he sentido:
tu mirada acorralando
la longitud de mis brazos;
tus manos deseando
la fortaleza de mis piernas;
me has visto,
me has mirado,
¿qué has sentido?
Deja a un lado el significado
del romanticismo,
y busca con el cuerpo
tu sentir.
¿Qué sientes en los dedos?
¿Qué sientes al mirarte
con cariño en el espejo?
Así te siento.

VERSO A VERSO

Veía pasar los días,
verso a verso,
tierra adentro;
mi cuerpo cubierto,
tranquilo, quieto,
no conocía el secreto;
iba y venía sin más,
sosegado y con seriedad.
Pasaban los días,
siguen pasando hoy todavía;
he levado anclas
y mi cuerpo, un velero,
va en pos de ti, Deseo,
mar ardiente y fuerte,
y así me llevas
hacia dentro,
y así me llamas
sediento,
y así te sigo
perdida,
atravesándote.
He levado anclas
y mi cuerpo, sincero,
expresa su anhelo.

SOMOS CUERPOS

Vivo esperanzada,
a la espera activa
del cruce (sin remedio)
de nuestros cuerpos.
Cuerpos que van y vienen,
que aceleran y se esconden,
que sienten
y, al sentir, vuelven.
Son cuerpos físicos,
ellos solos se tocan,
se estremecen y enloquecen;
son cuerpos distintos,
nadie los entiende
y viven entre el sigilo
de increíbles encuentros clandestinos.
Sigo esperando, desnuda,
el retroceso del tiempo
al acelerar el ritmo cardíaco;
sigo a la espera del reencuentro,
fugaz y rebelde,
de estos cuerpos embelesados.
¿Dónde está mi esclavo?
¿Dónde está mi amo?
Mi cuerpo llora lágrimas de sangre
al recordar que lo besaste,
llora y recuerda, alocado,

que un día lo penetraste con tus manos.
Sigo esperando que el recuerdo
se haga humano,
como el teatro:
«poesía que se hace humana»,
decía mi amado Lorca.
Sigo esperando mientras vivo
y experimento, contigo,
con nuestros cuerpos,
esa locura sin remedio,
el deleite de probarte, y probarme,
en ese mundo aparte.
Ese mundo aparte
en el que escribimos, tú y yo,
verso a verso,
sobre el deseo
despertando a nuestros cuerpos.

SUEÑOS

Siento la pesadez
en los párpados;
mis ojos, cabizbajos,
están cerrados;
mis ojos, cansados,
se cierran en pos de un sueño,
sueñan los aleteos de las pestañas,
esas mariposas que se escapan,
se escapan en pos de un sueño,
tu sueño.
Son sueños de arena,
de sal, de niebla,
sueños de dolor.
La pesadez arraiga,
los párpados pesan
y se cierran,
dejando al aire sus pestañas,
esas pequeñas mariposas soñadoras;
mariposas que vuelan buscando sueños,
sueños dulces de buenas noches,
sueños de versos con besos,
sueños de intensas tentaciones.

LASCIVIA

Es tan fácil someterme
al deseo de tus manos…
Tus manos me encienden,
enciendes la locura, amor,
la locura que llevo dentro
con tus manos,
una locura inquieta
que se expande,
y se expande,
y le da la mano al deseo,
un deseo extrovertido.
Son tus manos las que me provocan,
tus dedos los que obedecen.
Sigue, mi amor, conquistando
la locura inquieta expandida,
abierta entre mis piernas.
Sigue, mi amor, deseando
ese deseo extrovertido
(tan nuestro)
con fuerza al mirarnos.
Locura deseada, deseosa,
del deseo enloquecido.
Lascivia…

MI CORAZÓN ESCRIBE

Necesito sentirte
al desnudarte:
mi cuerpo, a la espera,
lo ordena.
Necesito alargar el brazo
y encontrarte ahí,
parado, mirando.
Lo necesito,
mi cuerpo lo pide.
Ya no sé hacer otra cosa.
Tú la dominas,
dominas mi poesía
al dominar mi cuerpo.
No hay poesía
si no hay cuerpos,
si no hay dos cuerpos
(desnudos y locos,
lascivos y enredados),
mi corazón no escribe.
Mi corazón escribe
ahora, maniatado,
porque no hay dos cuerpos
pecando ilusiones,
sino ilusión desesperada
por pecar mañana.

Plural

Te quiero desnudo,
te quiero así,
irreductible, tú.
Te quiero en la forma
pronominal más simple:
cuando te llamo
y, al llamarte,
sé que eres «tú».
Te quiero en primera persona,
al desnudo y en singular,
que el alma se me escape
con «tú», mi pronombre personal,
porque así te quiero,
tan apacible y en cueros,
tal y como naciste,
con tus lágrimas,
con tus desvelos,
así te quiero.
Te quiero desnudo,
te quiero así,
irreductible, tú;
tú conmigo, nosotros.
Plural sincero, plural intenso,
así nos quiero.

AQUÍ, AHORA, HOY

Espero cada día
que pasen esos momentos
que hacen que mi poesía
(sin artificio) tenga cuerpo.
Espero cada día
que tú, mi poesía,
seas ese cuerpo
(hecho de momentos)
que la voz poética,
prosaica sedentaria,
desea describir.
Espero cada día
la formación del intelecto
de este, tu cuerpo,
un cuerpo desnudo,
poco a poco tatuado
con metáforas
y tópicos literarios.
Cada día espero
y desespero al esperar,
esperarte vestida de poeta,
poeta de poesía
(poesía con vida)
aquí, ahora, hoy.

14 DE FEBRERO

Hoy, 14 de febrero
de un 2019 soleado,
me he despertado
en un momento (en sueños)
de lujuria aleatoria,
una aleatoriedad lujuriosa
en la que me besas
al obligarte, amor,
a besarme.
Hoy, 14 de febrero,
me he despertado
(en sueños)
inmersa en un momento,
un instante aleatorio
en el que abro los ojos
y estás a mi lado,
y de repente, amor,
me recorres con tus manos.
14 de febrero extranjero,
¿por qué te tengo solo en sueños?
¿Por qué me despierto cuando te has ido?
14 de febrero enamorado
en busca y captura de momentos,
momentos de lujuria aleatoria
continuada en nuestros cuerpos.

LA VIDA CONTINÚA

Sobre los raíles
de Madrid a Barcelona
y de Barcelona a Toulouse,
y una escapada,
en sueños, a Estambul
(una escapada de la rapidez,
de una vida corriendo
con prisas hacia un destino;
una escapada del cemento
madrileño y su «vialidad»,
de los casi reencuentros,
de las noches sin amor).
Y de vuelta sobre los raíles
metálicos, chirriantes,
a este Madrid vacío
con cultura despreciada
por los precios desorbitados
(otra escapada en sueños
sobre la órbita de Saturno)
y yo soy la rezagada,
la que va lenta, despacio,
saboreando.
Y me miran, y me miran mal,
porque no soy como los que corren
y empujan, y empujan, en los vagones.
Voy sobre raíles observando,

describiendo lo que observo
y de lo que puedo, experimentando:
así nació el Realismo en 1868.
M-40, todas direcciones,
y debajo, avenida de la Albufera,
y seguimos trayecto
hacia la próxima parada.
A mi alrededor surgen conversaciones:
«hay que ver la juventud de hoy»,
«en mis tiempos uno cedía su asiento».
Ya está, mi parada.
La vida continúa.

CONJUGACIÓN

Esperaría a que el suelo
se abriera
y el mundo, en su caos,
gritara.
Esperaría a que el cielo
cayera hacia abajo
y los océanos, húmedos,
se alzaran.
Y aún seguiría esperando.
Incluso el verbo,
en su forma condicional,
seguiría esperando,
esperando, día tras día,
la pronunciación firme
de una sílaba;
esperando, firmemente,
la conjugación de su cuerpo
en el presente.
Y aún seguiría esperando.
Esperaría, esperando,
la llegada del futuro,
su futuro perfecto,
el abandono de los pretéritos.
Y aún seguiría esperando,
en persona y desnuda,
la acción de otra palabra

en su forma activa,
otro verbo conjugado
accionando su significado.
Y aún seguiría esperando.
Esperaría a que el mundo
dejase de ser mundo,
y las palabras etiquetadas
desnudasen sus letras.
Seguiría esperando
la llegada del futuro,
el futuro perfecto en su cama,
la conjugación de sus cuerpos
enloqueciendo.
Serían cuerpos conjugados,
locuciones verbales
accionando significado.
Verbos, en definitiva, fusionados,
representando versos libres
en un poema interminable.

HEMOS LLEGADO

Aquí,
atravesando en un vaivén
el sur de Madrid,
se cuela por las ventanas
de nuestros ojos
la luminosidad de esta noche.
Allí,
esperando en un suspiro
el inicio del destino,
se estremecen las curvas
sinuosas de la vida.
Ahora,
sintiendo en nuestros cuerpos
el movimiento de las ruedas,
se juntan tras los asientos
de este autobús
nuestros labios,
bailando besos
en silencio
a través del viento.
Hemos llegado.

MOMENTOS

Se oyen pasar los momentos,
esos en los que tú y yo
(dos almas enloquecidas)
vagan inconscientes
en la cama.
Momentos clandestinos
que se escapan del mundo
(benditos libertinos),
acurrucados en la fugacidad
rápida y tangible
de esta cama.
Escucho cómo tus labios
se deslizan, con tu lengua,
por mi piel
(estremecida por el tacto,
deseosa de las caricias
lujuriosas, lascivas,
de tus manos)
y mis gemidos
intermitentes
se escapan
en la intensidad
de este momento.

INSTANTÁNEAMENTE

En un instante,
instantáneamente,
he recordado.
He recordado tu rostro
al mirar de reojo,
te he recordado
(con tu semblante serio
y concentrado)
al mirarme.
Mis ojos despiertos
recorren el paisaje
de izquierda a derecha
con énfasis a lo lejos,
y vuelve mi memoria
(al instante) a recordarte:
te recuerda contemplando,
te recuerda observando,
y mirando, entretenido,
la locura que me encierra.
En un instante,
instantáneamente,
el alma sonríe y recuerda,
recuerda tranquila
que sigues en mi vida.

UNA VEZ MÁS

Al cerrar los ojos,
lo veo:
veo la oscuridad
necesaria
del antifaz;
veo la levedad
y el espacio atemporal
de este momento.
Al cerrar los ojos,
lo siento:
siento la intensidad,
la intensidad recorrida
por tu lengua;
siento el efecto
del beso,
del beso en los labios,
que baila al contacto.
Al cerrar los ojos,
te veo en el recuerdo,
te siento en el cuerpo.
Al cerrar los ojos,
sueño al pensar
o pienso al soñar
que quiero una vez más.

TEMPORALIDAD

La temporalidad
hoy me sobrepasa:
ese espacio de tiempo,
mi amor,
en el que suceden
lascivos
nuestros reencuentros.
Hoy me sobrepasa,
mi amor,
la temporalidad:
ese tempus fugit,
literario,
que huye y se va,
y cuando llega al Parnaso,
vuelve, otra vez,
a marcharse,
y al marcharse, huye
y se la lleva:
se lleva la vida (en rimas)
y se la queda.
La temporalidad,
mi amor, me roba,
roba alegre mis poemas.

BESANDO

Hablar besando
es un elemento nuevo
de mi idioma inventado,
un elemento lírico
donde los labios
y la lengua
juegan a ser libres.
Comunicarme contigo,
con cada beso,
es un artificio
de mi lenguaje
(específico y distinto)
de miradas sostenidas
y silencios nerviosos.
¿Jugamos?
En cada beso, una palabra,
y en cada mirada
miles de preguntas
no verbalizadas.
Así es como hablo:
besando.

RECUÉRDAME

Recuérdame en silencio
tras la brevedad, amor,
de este momento.
Recuérdame bailando,
al ritmo del instinto,
siguiendo el compás,
amor, de los latidos.
Recuérdame escribiendo
inspirada
y sobre tu espalda,
recuérdame poseyendo
la locura transitoria
en la desnudez del beso.
Recuérdame escuchando
tu respiración acelerada
al vivir, amor,
en una historia interminable.
Recuérdame viviendo
más allá del roce y el beso.
Recuérdame como te recuerdo:
precioso tatuaje aislado
ajeno, amor, al paso del tiempo.

FILOSOFÍA

Mírame, Filosofía,
a través de los momentos
(momentos etéreos);
mírame a través del mar
al bucear en mi realidad.
Enséñame dialéctica
mientras yo te enseño
(en primera persona
y desnuda)
lo que quieras.
Enséñame a enseñarte
las variedades dialectales
de mi lengua ensimismada;
enséñame tu idioma,
el de los pensamientos,
que yo te enseñaré,
Filosofía,
la dialéctica de los sentidos.
Así, frente a frente,
lengua a lengua,
nos entenderemos.

PRIMAVERA

El mundo se detiene
al verte,
y yo, ensimismada,
a contemplarte.
Me siento embriagada
al ver cada uno de tus detalles,
tan coloridos, tan exóticos,
esparcidos con esmero
en la desnudez de tu cuerpo.
Hoy amaneces distinta:
desbordas intelecto,
desbordas belleza,
y me miras mientras te miro
con tus colores naturales.
Eres la musa de muchos poetas,
formas con tu nombre mi metáfora;
muchos romances te eligen,
bella entre las bellas,
como escenario de besos;
encarnas la sutileza del deseo,
el frenesí de la lujuria,
la locura lasciva del amor.
Así eres tú, Primavera.

Entre mis piernas

Al darte la vuelta,
mis ojos,
ya cansados,
esperan reencontrarte,
esperan impacientes
reencontrarse con tus pupilas
y, al verlas dilatadas,
empezar, verso a verso,
a desnudarte.
¿Qué puedo hacer
si tengo un cuerpo vivo?
¿Qué voy a hacer
si mi alma huye hacia ti?
¿Qué puedo hacer
si la ilusión me quema
al verte marchar
desde mi portal?
¿Qué voy a hacer
hasta que mis ojos
puedan, otra vez,
desnudarte con sus manos?
Muy despacio,
voy notando tu efecto
aquí, entre mis piernas.

QUIERO DIBUJARTE

Tengo que sacarle
punta al lápiz
y dibujarte.
Quiero dibujarte, amor,
y pintarte
con auroras boreales;
quiero dibujarte aquí,
delante de mí,
con tu sonrisa definida
y volver a pintar, amor,
tus labios de intensidad.
Tengo que sacarle
punta al lápiz
y dibujarnos,
dibujarnos, amor,
desnudos y sin pensamientos
en nuestra playa de sueños.
Tengo que sacarle
punta al lápiz
y volver, amor,
a dibujarte,
dibujarte en serio.

RESCÁTAME

Rescátame,
querido amigo,
del precipicio
(oscuro y vacío)
de los sentidos.
Rescátame del tacto
y de su olvido;
rescátame del silencio
que atraviesan mis oídos;
rescátame del gusto amargo
de la cerveza sin tus halagos;
rescátame de la luz del sol
que atormenta mi vista
y me hace partícipe,
querido amigo,
de tu ausencia;
rescátame de los perfumes
de ciudad madrileña
que pasean por mis napias,
atravesando mi olfato
al llegar a Callao.
Rescátame,
llévame.

«Dialectada»

Hoy me he sentido «dialectada»,
al quedarme atrapada
en las palabras de tu mirada.
¿Te has dado cuenta
de que nuestras lenguas,
mediterráneas,
se han encontrado?
Te irás pensando
al pensar en irte,
pero recordarás…
Recordarás mi figura
mirándote por detrás.
Recordarás aquel pensamiento
que se escondió tras el orgasmo.
Recordarás la celeridad
de los labios al rozarse,
las conversaciones sensoriales
al mirarme,
y yo escribiré,
esperando volverte a leer.

Silencio

Esta noche, amor,
he querido ahogarme
en la intensidad del silencio,
ese silencio intenso
que producen nuestros besos,
ese silencio arcaico
inmortalizado en la mirada.
Esta noche, vida mía,
he querido sentirte
besando tu piel con cuidado,
he querido sentirte
fusionando mis caderas,
deseantes y ansiosas,
a las tuyas.
Esta noche, en silencio,
he viajado a la luna,
yendo y viniendo,
yendo y viniendo,
del ruido de la ciudad
a la intimidad de tus manos.
He viajado a la luna
en una metáfora surrealista,
sobrevolándola
subida en un orgasmo silencioso.
He ido y he vuelto.
He vuelto suspendida,

suspendida en tu mirada,
desinhibida y renovada;
he vuelto queriendo irme,
irme soñando,
soñando nadar con los delfines,
delfines saltando
de labio a labio,
y los labios, húmedos,
imantados,
jugando a ser nosotros.
Somos nosotros
(primera persona del plural)
ahogándonos en el silencio
extrovertido,
deseoso y ávido,
de nosotros.

COSMOPOLITA

Puedo disfrutar del placer
de tener el privilegio
cosmopolita
de imaginarte.
Puedo disfrutar del sentido
al releer nuestra conversación
ilustrada al buscarte.
Y es que te busco:
te busco en mis recuerdos
y duermo con ellos,
te busco en tus palabras
«dialectadas» con esmero
(para mí);
te busco en el abismo
poliédrico
del sentimiento,
contradiciéndose a sí mismo;
te busco en mis diálogos
inconscientes
con mi conciencia.
Te busco en mi cuerpo
y me caigo en el deseo.

SEMÁNTICA

Para mí
es muy difícil.
Es difícil reconocer
algunos significados.
No quiero saber
qué significa «adiós»;
no reconozco las despedidas
(he sufrido demasiadas).
No quiero saber
los semas de la distancia
ni leer correctamente el reloj:
el tiempo y el espacio
son conceptos ficticios
cuando se trata de vos;
«peor para el sol»
si durante la noche,
de repente,
te reencuentro en sueños.
Para mí
es muy difícil.
Es difícil no pensar,
y no pensar en ti.

Siempre habrá poesía

No hay nada
como un cielo gris
y la manía de escribir
con un color negro Bic.
La tinta ya escasea
y por mi cabeza (revuelta)
rondan muchas ideas.
Marco mis palabras con fuerza
para que la ilusión,
Esperanza (así se llama),
no escape.
No hay nada
como escribir
bajo un cielo gris,
sigue siendo el mismo cielo.
Los colores solo son percepciones,
igual que nuestras ilusiones,
que vagan taciturnas
por las sendas del alma.
No hay nada
como escribirte
bajo el mismo cielo,
aunque la tinta se acabe,
porque siempre habrá poesía.

MENTE

Aquí, y ahora,
mi mente no quiere
que mi corazón juegue.
Mi corazón quiere jugar
y encontrarte
entre los recovecos ventriculares.
Y mi mente, tan lógica,
no quiere.
Aborrece la idea
de un corazón sufriente.
Las lágrimas destrozarían,
impasibles, su imagen.
No quiere un corazón penitente,
ni que se olvide de ser libre.
Pero mi corazón ansía,
desea, anhela, busca…
esa es su actividad:
luchar con los dientes
contra su Lógica Realista.
Mente no quiere
que Corazón juegue,
los pensamientos rehúyen
sus emociones.
No, no quiere.
¿Dónde estás, Fantasía?

¿A dónde te has llevado tu magia?
Vuelve. Vuelve y seduce mi mente,
que ella vea que me quieres.

ATEMPORAL

Pasan los días,
paso las páginas,
paso mis dedos
por la suavidad de tu espalda
atemporal.
Vuelven a pasar los días,
vuelvo a pasar las páginas,
y la suavidad de tu espalda,
por la que paseaba
con mis dedos,
no está.
Las páginas en blanco
del futuro
y tu espalda,
de suavidad atemporal,
me saludan inalcanzables.
Dame el mapa
con los lunares de tu espalda,
dame el orgasmo
de la poesía de mañana.
Entrégate a mí,
conmigo,
acuéstate sobre mis páginas
mientras van pasando,
veloces, los días.

UNA PÁGINA

Una página en blanco,
el tacto del dorso de mi mano
acariciándola,
mientras sujeta, ávida,
un bolígrafo.
Una página en blanco
soportando el peso de la tinta,
y tinta negra fluida.
Una página, el dibujo
de una letra, un verso
escrito por primera vez.
Una página que ya
no es blanca,
letras que ya
no son letras, son palabras
y versos que se han escrito,
escrito en silencio.
Una página escrita
con palabras no predestinadas
a estar unidas,
con sonrisas de tinta
inmortales,
con lágrimas de emoción
viva.

AJENA

Ajena al paso del tiempo,
escurridiza, huidiza,
yendo en pos del día,
persiguiendo sus noches.
En este momento,
abstraída, obnubilada,
busco el atisbo serio
del momento:
ese matiz aislado,
único en su tiempo,
esa sensación unívoca,
intensa, insaciable
de sentirme ajena,
y ajena al tiempo,
al baile acompasado
y monótono
entre horas y minutos.
Ajena al paso del tiempo,
a las obligaciones del segundero
y las imposiciones de mañana.
Hoy, esta noche,
ajena al tiempo,
me libero.

NO HICE NADA

La sentí,
anoche la sentí,
esa pulsión interventricular
en la parte izquierda
de mi cuerpo espasmódico.
La sentí,
sentí la punzada cerebral
adjunta al final.
Sentí la ira corporal
al ignorar,
con miedo,
esa pulsión,
pulsión interventricular
disfrazada de tensión
y tensión sexual.
Juro que la sentí,
sentí la tirantez
extendida en el vientre,
la excitación
golpeando cada centímetro
hacia abajo.
No hice nada.

ESCONDIDA

Escondida,
tras un momento impredecible
hecho de miradas
por el tiempo entrecortadas,
me hallo cabizbaja,
ejercitando
los músculos del anhelo.
Escondida,
tras el abrigo impactante
de secuencias enhebradas,
me hallo desinhibida,
reencontrando
la intrépida sonrisa
(seductora)
del deseo.
Escondida,
queriendo salir.
Escondida,
anhelando vivir.
Escondida,
deseando sentir.
¿Dónde están los límites
de mi deseo?
¿Dónde el vértice
del anhelo?

IMPERATIVO

Desgárrame otra vez,
con tu aliento
acariciándome la piel.
Desgárrame.
Vuelve a pasearte
por mi espalda,
seré el tapiz
de tus sueños apasionados.
Vuelve,
vuelve a desgarrarme
con encanto
los sentidos.
Encántame.
Déjame,
déjame enredarme.
Enrédame despacio,
con la seda de tus manos;
deja que me consuma,
lenta y fugaz,
en tus llamaradas,
miradas que arden al mirar,
llamas que se expanden al andar.
Encuéntrame en mi desorden:
ven, ordéname.

FLUYE

Siento en las venas
fluir.
Fluye la emoción
de sentir la realidad.
Siento cómo fluyes,
Euforia,
mezclándote,
sola,
con la sangre y el deseo.
Te siento, Euforia,
aquí dentro,
latiendo.
Siento en las venas
fluir.
Fluye la emoción:
reacciones químicas
(sinceras)
del corazón.
Siento en las venas
fluir.
Fluye la emoción
de sentir la realidad:
el pacto cerebral
de mi médula espinal
(ripios de Pasión,
Euforia y Corazón).

MI COMPAÑERO

Acaríciame, compañero,
porque este viaje será largo.
Ven, agárrame,
porque las curvas aparecen
(como siempre)
de repente.
Abrázame, compañero,
porque en el viaje hará frío.
Abrázame fuerte
cuando lleguemos,
porque significará, compañero,
que hemos llegado a buen puerto.
Compañero del alma,
mi compañero,
aquel al que deleitan,
sempiternos,
mis versos.
Acaríciame, compañero,
porque el viaje aún prosigue.
Sujétame, si me alejo,
compañero del alma,
mi compañero.

DESEO

Podría disfrutarte
a oscuras y en silencio
mientras nos adelantan,
otra vez,
las pulsaciones del recuerdo.
Podría escribirte
(durante horas)
trazando con mis letras
el caligrama de tus lunares.
Podría hacerlo,
y todo ello
causando la colisión
de nuestros deseos.
Recuerdo el paseo
por tus lunares,
recuerdo mi caligrafía
sobre tu espalda.
Lo recuerdo,
y al hacerlo,
va incrementando
(paso a paso)
el deseo.

SALGAMOS

A veces, aparcamos nuestros sueños
y nos olvidamos de lubricar,
aún caliente, el motor.
Aparcamos el deseo
en áreas de servicio,
esperando recuperar el aliento.
Pero aun estando aparcado,
te sientes fatigado,
fatigado y sin apenas tiempo,
porque los sueños se lo han llevado.
Sigo aparcada en el sueño,
el sueño de conservarte:
eres mi viejo Mustang salvaje
deseando cabalgar hacia el oeste.
Seguimos aparcando sueños
por miedo a perder,
a perder la felicidad
del primer sueño:
nosotros.
Vamos, salgamos.

ROMANCERO

Al comienzo del romance
me esperaba tras la puerta.
Al comienzo del romance,
como siempre, como siempre.
Me esperaba, como siempre,
y esta vez con su vestido:
vestida con rosas,
vestida con espinas,
y de rosas y espinas su mirada.
Me esperaba, como siempre,
con su sonrisa sincera
acentuada en su juventud,
la juventud enjaulada
que libera al verme a mí,
con el deseo
de ver su juventud
entre las piernas.
Me esperaba, como siempre,
con su entusiasmada mirada
calando en mi pecho
sin pedir permiso.
Tras los primeros versos,
octosílabos y húmedos,
recitados con el ritmo
(y la rima) instintivo
del tacto del beso en los labios.

Tras los primeros besos,
cerramos la puerta.
Cerramos la puerta
tras los primeros besos,
y su cama,
en armonía con el deseo compartido,
se incendió.
Bebimos de nosotros,
de su manantial
de aguas fluidas y vivas,
de mi torrente,
de aguas fuertes y directas.
Bebimos de nosotros,
del deseo de tocarnos.
Bebimos del sudor
al recitar los últimos versos
grabados a fuego lento
en cada uno de nuestros cuerpos.

ANSIOSO

Conduzco mis pies
de una carretera a otra,
atravesando desiertos
y mares muertos.
Voy conduciendo, amor,
sobre el azufre del invierno,
bajo flores que han dejado,
amor, de ser flores.
Voy conduciendo
y, a través del cristal,
te veo.
Te veo esperándome,
esperándome ansioso
(bajo los efectos de un deseo loco).
Te veo mirándome,
mirándome como mira
un cazador a su presa
justo antes de atraparla.

LO HE ALCANZADO

Lo he alcanzado.
He rozado la sensibilidad
de lo extraordinario:
las palabras, la impotencia,
el sinsentido
dejaron de ser importantes.
Sí, lo he alcanzado.
La profundidad me ha envuelto
al envolverme entre tus brazos.
Vuelve a susurrarme,
vuelve a preguntarme,
déjame volver a tus labios.
Oblígame, castígame,
volveré a ser tuya,
pero déjame alcanzarlo.
Deja que mis manos
sean una prolongación
de tus deseos más selectos.
Deja que mis deseos
se cumplan a través de tus manos.
No, no es imposible:
lo he alcanzado.

NO ES DIFÍCIL

No es difícil demostrar
la transgresión de la emoción
cuando el ritmo
y el pulso cardíaco
se encuentran en fusión.
No es difícil aclarar
que las anomalías
de la respiración
preceden, necesariamente,
al éxtasis previo de los sentidos.
Y no es difícil pensar
que la transgresión
y las anomalías
son, en realidad,
palabras susurradas al oído.
No es difícil sentir,
sentir el tacto de la piel
al rozar voluntariamente otra piel;
sentir el gusto de otros labios
traspasando la saliva de mis labios;
sentir el oído en el sonido
y en los silencios al escucharte;
sentir el olfato al respirarte
y sentir que la vista
deja de ser importante,
aunque no me canse de mirarte.

INCREÍBLE

Es increíble sentir,
sentir cómo dos personas
pueden fusionarse
sin apenas tocarse;
sentir cómo la mirada
es capaz de proyectar
el deseo más allá.
Es increíble sentir
cómo la lengua (la suya)
se pasea por mi piel,
libremente,
sin rozarme.
Es increíble.
Sintiéndolo así,
¿cómo olvidar?
No es posible olvidar.
Sintiéndolo así,
sólo puedo desear,
y desear,
y desearlo aún más.

RECORDÉ

Recordé que el cielo
se abría de par en par,
que la luna se alzaba
y me miraba.
Y al recordar,
veía tu rostro,
de reojo,
al coger la curva.
Y al recordar,
te miraba,
concentrada,
sin importarme nada,
sin importarme
que hay un muro,
rígido, fuerte, oscuro,
justo delante.
Y al recordar,
y al mirar,
al final me di contra él.
Recordé que el cielo
se abrió de par en par,
para mí.

LITERATURA

Soy una composición,
un montón de piezas
de puzle
que las emociones
(inútiles)
han destrozado.
Soy una composición,
unas cuantas notas
musicales
que el silencio
(implacable)
ha sofocado.
Soy una composición,
unos pocos versos
de poesía
que la inspiración
(caprichosa)
ha abandonado.
Destrozada,
sofocada,
abandonada…
Soy una depresión
literaria, terrenal.

SE ACABÓ

Son las 2:12,
incluso el silencio
(tan amargo)
me despierta.
Según avanzan los segundos,
convirtiéndose en minutos,
se aceleran mis pulsaciones
al recordarte.
Son las 2:15,
e incluso la oscuridad
(tan siniestra)
se pasea por mi cama.
Según pasan los minutos,
transformándose en horas,
se aceleran mis pulsaciones
al recordarte.
Mi almohada,
las sábanas,
el beso,
el agua…
2:19. Se acabó.

Su forma

Al coger la pluma,
mi mano adopta su forma
y se mueve y oscila,
sobre el papel,
para darle ritmo
a las palabras
que ella dibuja encadenadas.
Al coger la pluma,
mi mano adopta su forma
y balbucea y grita,
sobre el papel,
las emociones silenciadas.
La forma que adopta
mi mano
es la de una pluma
melancólica y llorosa.
Las palabras que él dibuja
aparecen sobre el papel
como lágrimas,
y son lágrimas de impotencia
las palabras
que mi pluma dibuja
al adoptar, mi mano, su forma.

Sueño despierta

Últimamente sueño despierta:
apareces y reapareces
tras cada puerta
y me quedo mirándote,
mirando al aire.
Al darme cuenta de mi sueño,
veo que estoy despierta,
desapareces.
Mis últimas noches,
sin embargo,
carecen de sueños:
ya no apareces.
Y esta última noche
el brillo de tu ausencia
me obliga, sin embargo,
a quedarme dormida
y buscarte,
buscarte en ese rincón,
el rincón de las sombras,
y acabo soñando
con mi sombra escondida.

GALERÍAS

En silencio
me paro en mis recuerdos.
Tu voz parece reflejarse,
entumecida,
en este estanque.
En silencio
recorro las galerías
desordenadas
de mi memoria,
y a cada paso
se alarga la distancia,
la distancia entre tus recuerdos
y mi sonrisa.
En silencio
contemplo el retrato,
aislado,
de mis carcajadas.
Está ahí
y no puedo sentirlo;
se trata de un cuadro vacío
o, simplemente, de un recuerdo
condenado.

TE AMO

He descrito mil maneras
de dar rienda suelta al deseo,
mil formas de expresar
el silencio intermitente
al tenerte dentro.
He escrito cuán vivaz
resulta el anhelo
al separarse dos cuerpos,
cuánta pasión desgarran
dos almas desnudas
atormentadas;
he deletreado cada instante,
los segundos conteniendo el aliento.
He descrito mil maneras
de dar rienda suelta al deseo
de sentirte entre mis piernas
enredándome en tus brazos.
He escrito alocada
estos versos,
para anunciarte
en silencio
que te amo.

Sobre la autora

Rocío G. Soldevila (Madrid, 1995). Desde muy pequeña empezó a cultivar su amor por la poesía, que la llevó con el tiempo a encontrar su camino en la senda del erotismo. Se graduó en Filología Hispánica por la Universidad Complutense de Madrid en 2017 e hizo el Máster de Profesorado en la especialidad de Lengua Castellana y Literatura en 2019, además de estudiar corrección profesional de textos.

En los últimos años ha participado en varios concursos literarios sin dejarse desanimar por la ausencia de éxito. Inspirada por sus referentes (Lorca, Bécquer, Manuel Machado…), ha decidido seguir el camino que dicta su corazón y dejar que su poesía se asome al mundo por primera vez.

Índice

www.ingramcontent.com/pod-product-compliance
Lightning Source LLC
LaVergne TN
LVHW051547170726
843492LV00006B/1983